AF350816

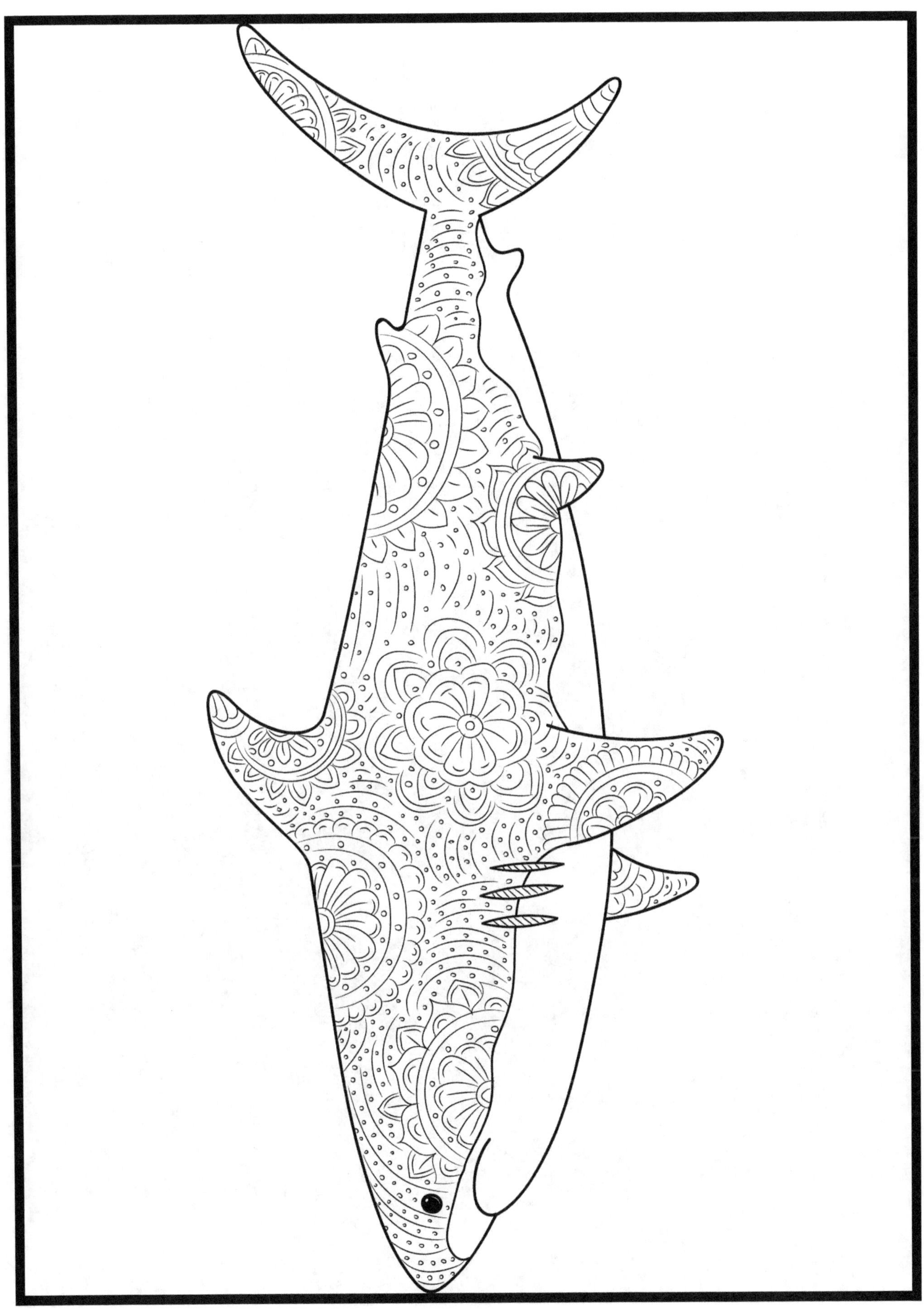

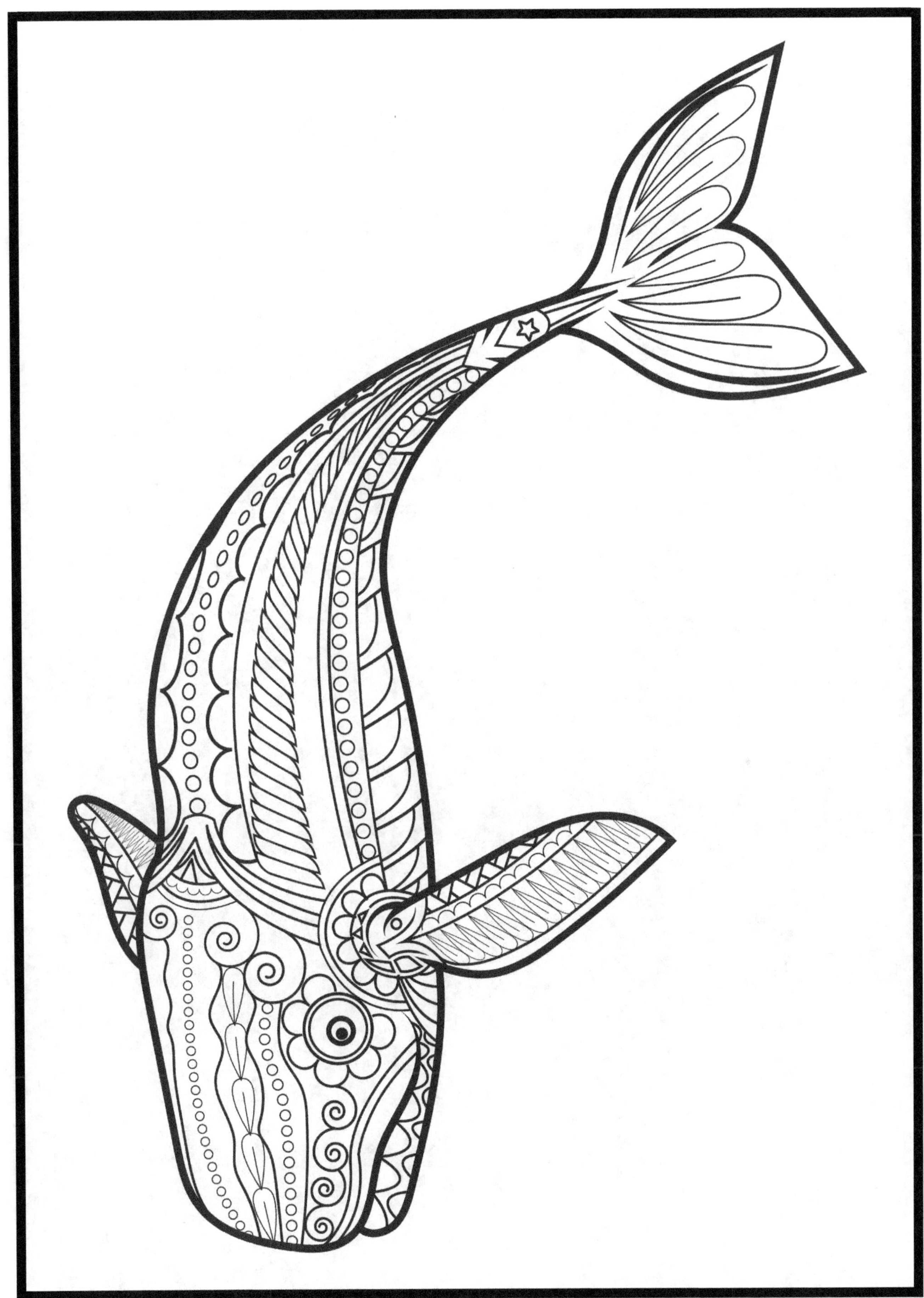

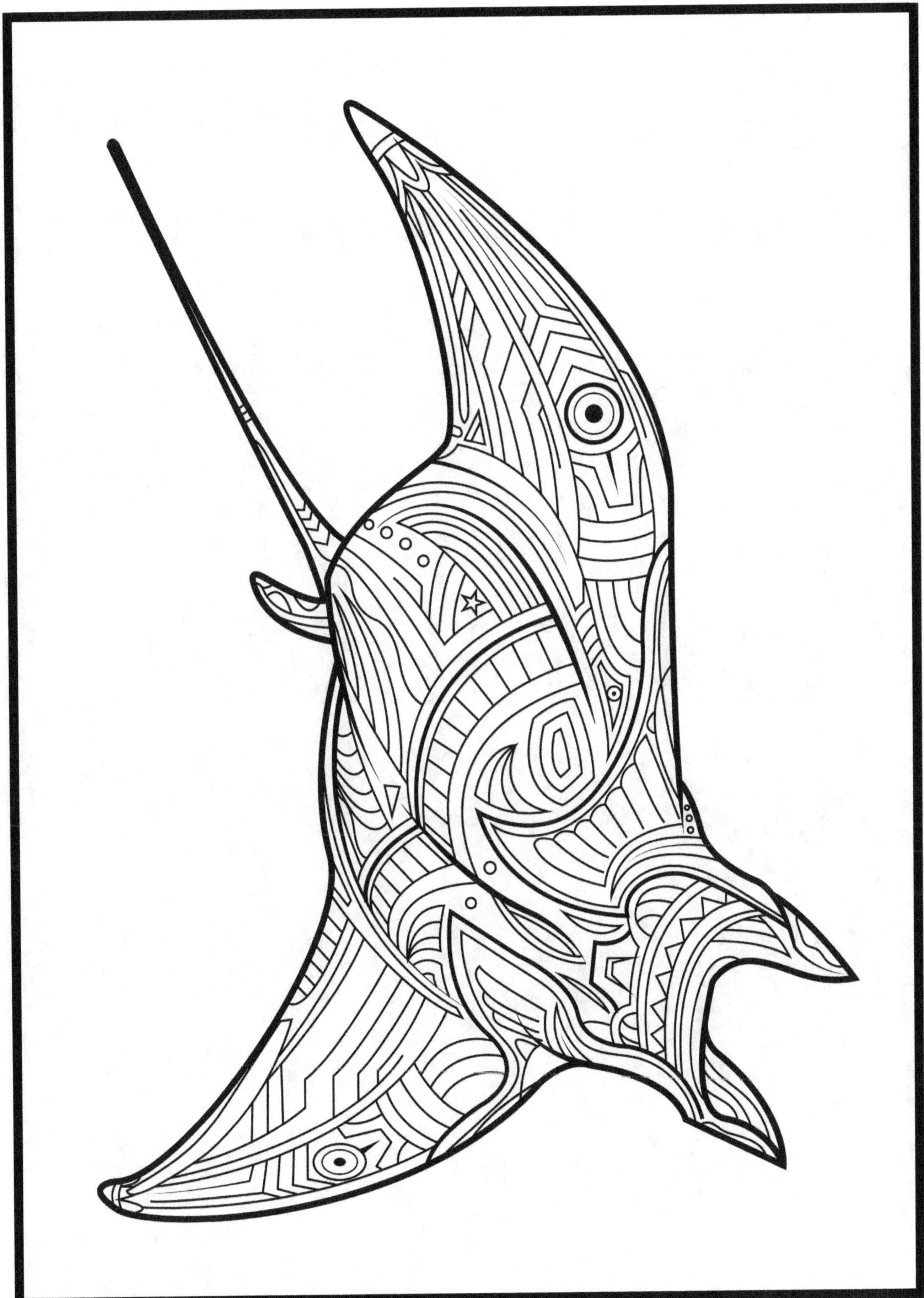

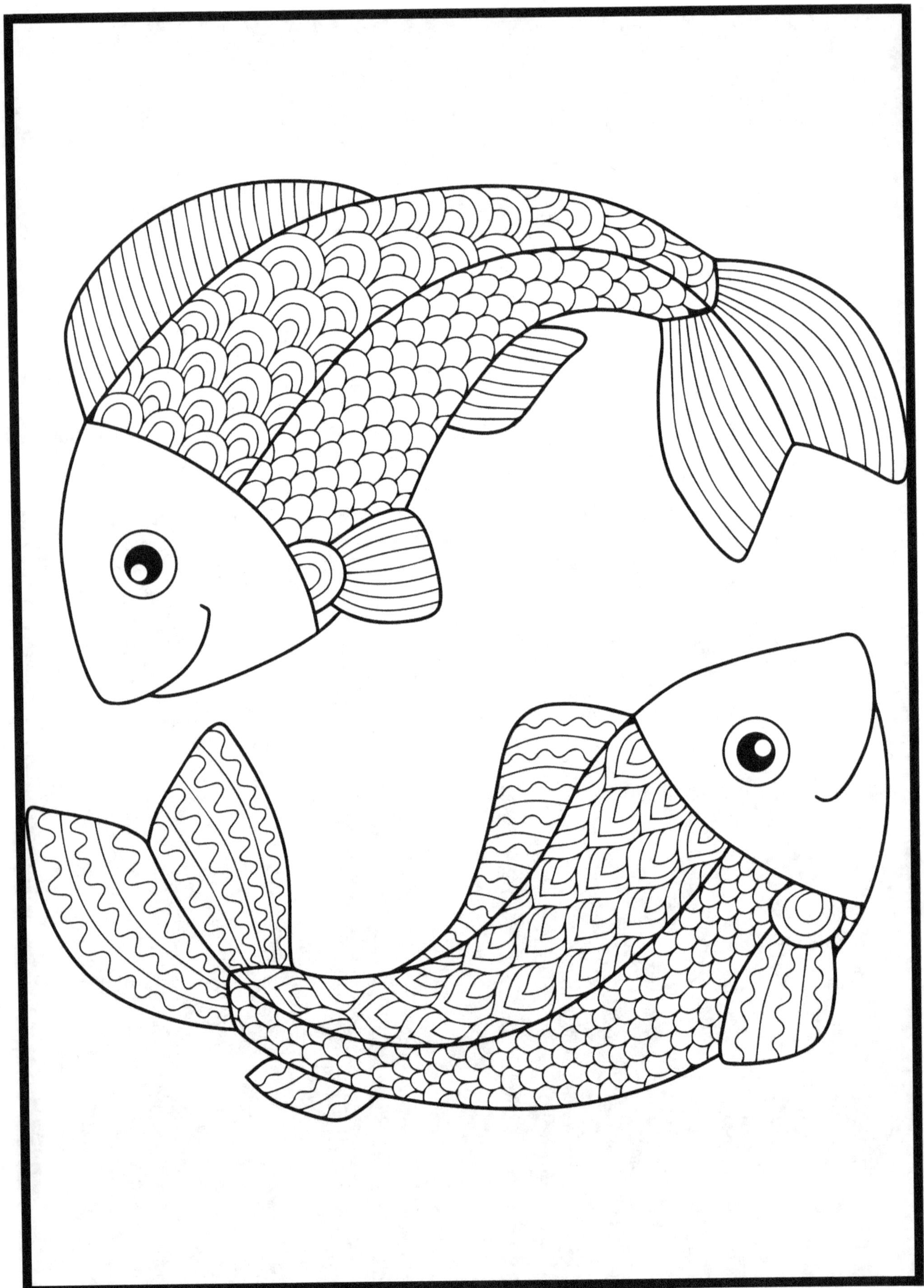

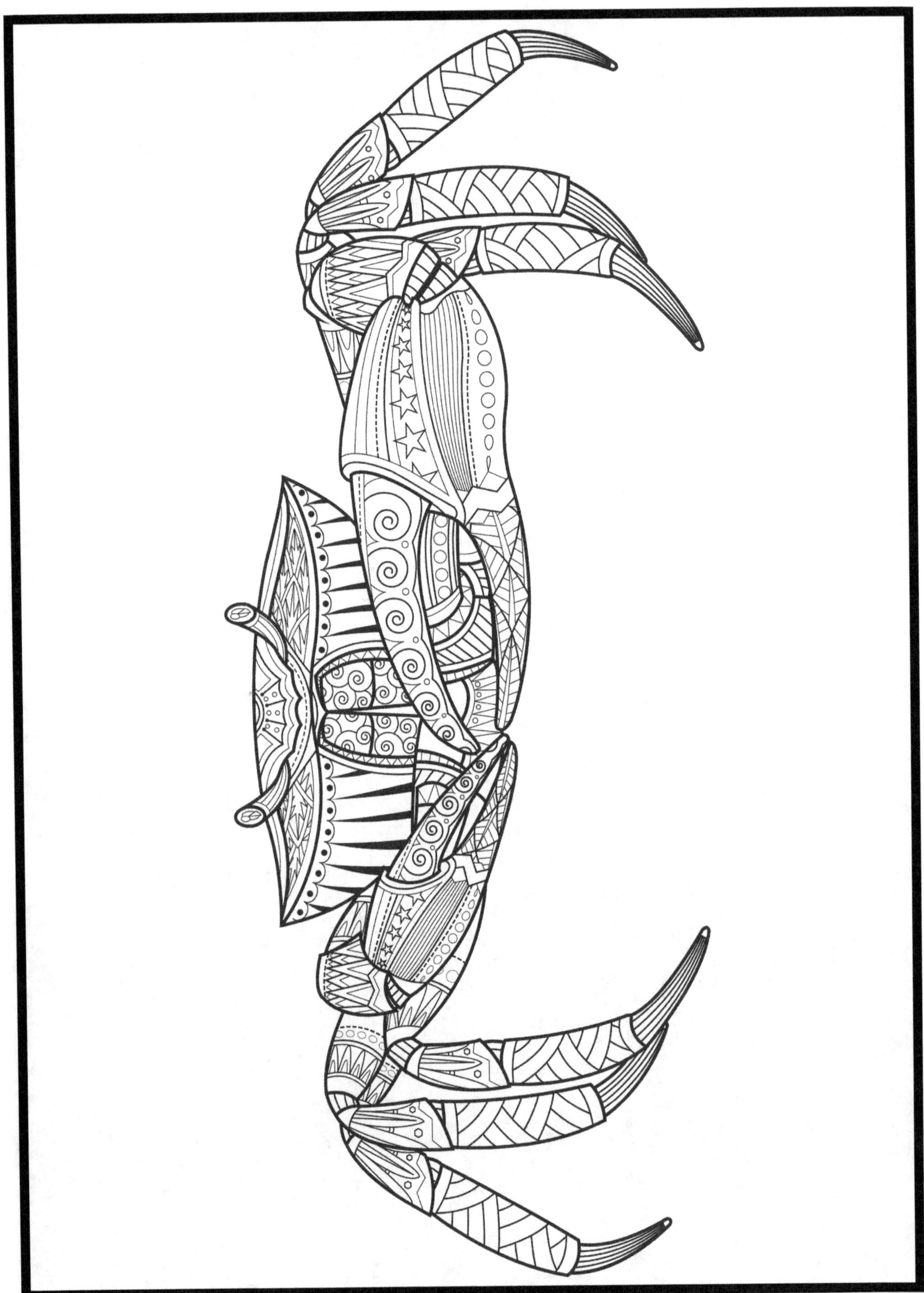

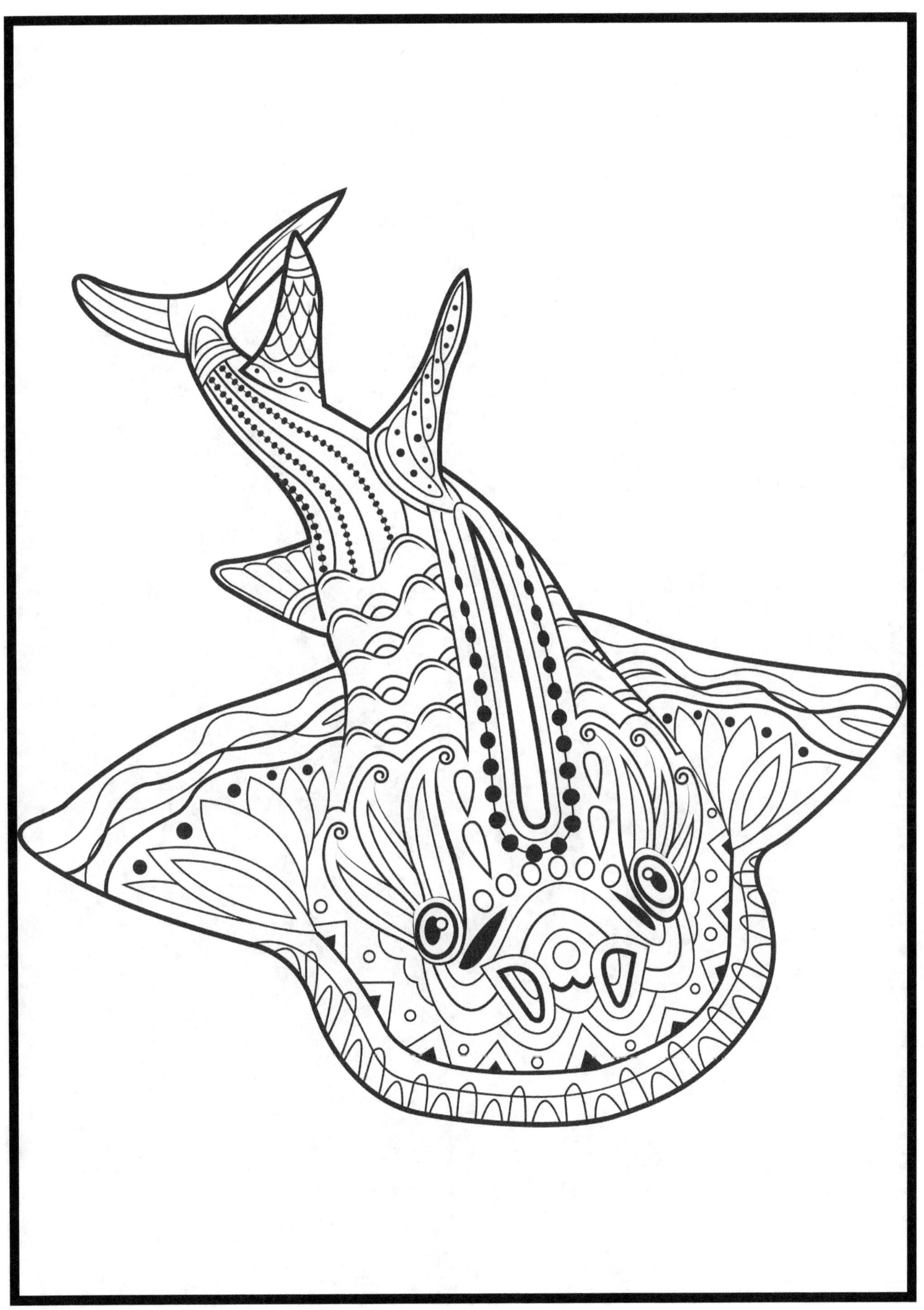

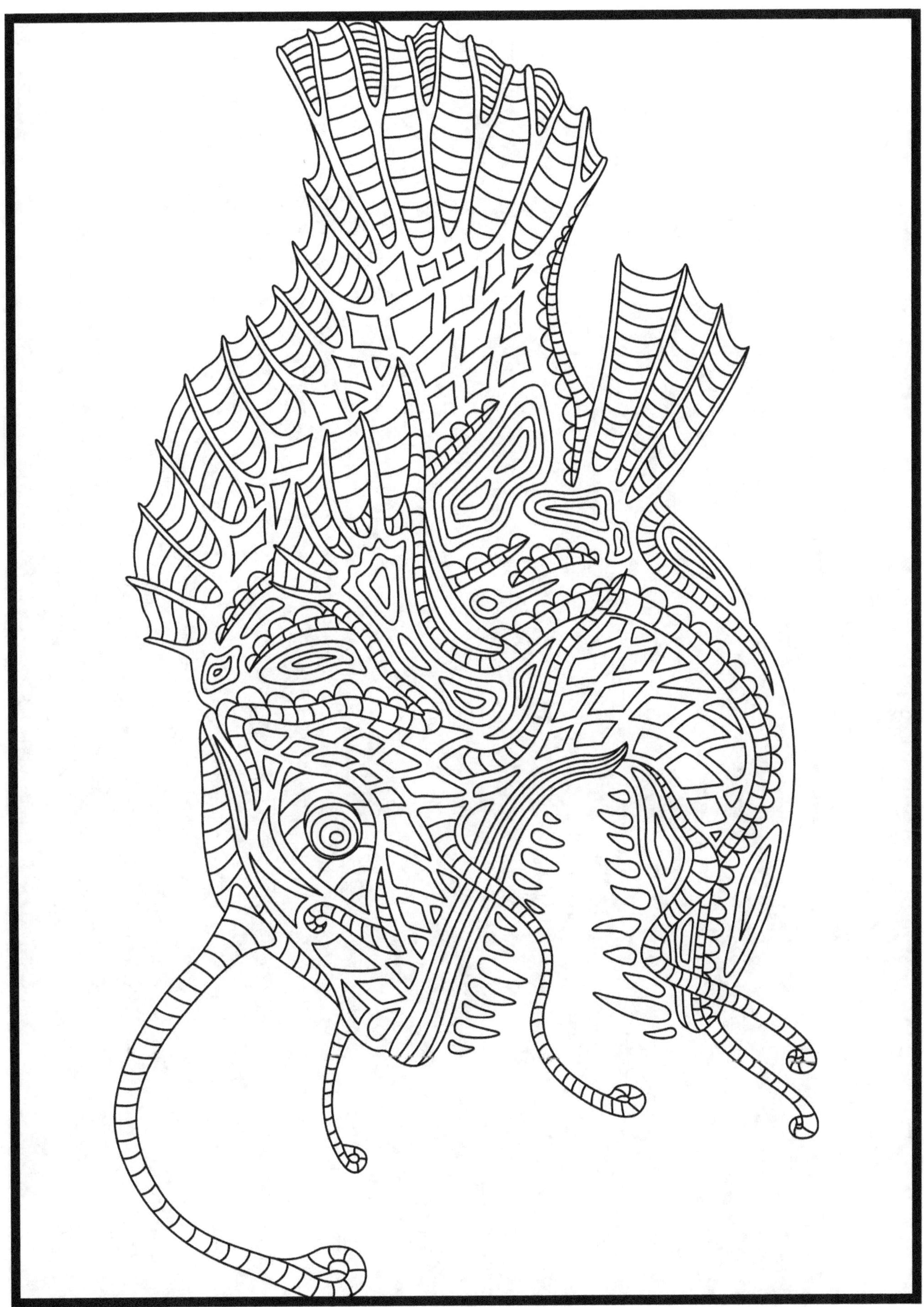

¡Gracias por comprar nuestro libro!

Si le gusta este libro, le agradeceríamos su opinión sobre Amazon.

Para ello, vaya a la página de Amazon de este libro y haga clic en "Escribir mi reseña".

¡Muchas gracias!